낙원동에서
트럼펫을 만나다

이 도서의 국립중앙도서관 출판시도서목록(CIP)은 e-CIP 홈페이지
(http://www.nl.go.kr/ecip)에서 이용하실 수 있습니다.
(CIP 제어번호 : CIP2019001552)

낙원동에서
트럼펫을 만나다

2019년 1월 18일 초판 1쇄 인쇄
2019년 1월 28일 초판 1쇄 발행

지은이 | 이유채
펴낸이 | 孫貞順
펴낸곳 | 도서출판 작가
(03756) 서울 서대문구 북아현로 6길 50
전화 | 02)365-8111~2 팩스 | 02)365-8110
이메일 | morebook@naver.com
홈페이지 | www.morebook.co.kr
등록번호 | 제13-630호(2000. 2. 9.)

편집 | 손희, 설재원
디자인 | 전경아
영업 | 박영민
관리 | 이용승

ISBN 978-89-94815-91-6 03810

값 10,000원

낙원동에서
트럼펫을 만나다

이유채 시집

작가

■ 시인의 말

열다섯 살 때부터 문학소녀였던 나는 문학의 길엔 소설 밖에 없다고 생각했는지 이십 수년간을 소설 쓰는 일에 내 모든 시간을 보냈다. 그러나 턱없이 부족한 내 재능으로는 소설가의 길을 걷기란 도저히 불가능한 일임을 알게 되었다. 휴식기에 안주하고 있을 무렵 만나게 된 시조의 세계, 그 또한 내가 마음 놓고 발 들여놓기엔 만만하지 않은 세계였다.

앞으로 내가 시를 쓰게 될 시간은 얼마나 남아있는 것일까? 그러나 이제는 그 시간을 재어보고 서두르는 일 따위는 하지 않을 것이다. 써지면 써지는 대로 안 써지면 안 써지는 대로 물 흐르듯 살아갈 것이다. 지난해 경상도 김천까지 시조를 배워보겠다고 새처럼 날아간 나에게 따듯한 물 한 그릇 떠놓아준 이석구, 이서구, 최광모, 박미소 그분들께 감사의 말을 전한다. 더불어 조성문 선생님, 장은수 회장님께도 감사드리며, 정형시학의 무궁한 발전을 위해 기도드린다.

2019년 새해

이 유 채

차 례

2부

3부

4부

5부

1부

낙원동에서 트럼펫을 만나다

늙은 골목 둘둘 말아 얼굴 내민 저 트럼펫
햇빛 아닌 어둠 한 켜 검버섯 피어나도
하 세월 비음을 삼켜 목덜미가 뜨겁다

밤마다 뛰쳐나와 불을 켜는 포장마차
들숨날숨 겨운 날은 연주 밖에 없노라고
오늘도 온몸 비틀어 시나브로 연주한다

예도옛적 이 도시에 음표 둥둥 떠다녔지
들떠오른 그 너름새 비바체로 사라지고
사람들 가난한 자리 흰 꿈으로 쌓였다

빗장 건 창문마다 커튼 내린 한겨울에
부대낀 시간 모두 슬픈 음역 되더라도
좁은 길 지키고 앉아 성에의 밤 닦는다

낙원동

낡고 닳은 시루스 새하얗게 여며 입고

초원을 떠올리며 모여 앉은 양 떼처럼

황사가 하늘거려도 봄빛 한껏 되감은

돈의동

지하도 출구 계단 그 너머 누가 사나
막무가내 달려드는 봄날의 지린내여
좁고 긴 그 골목 안에서
남자가 걸어 나온다

한복집 양고기집 제멋대로 살 비비며
피어오른 꽃들을 온몸으로 삼켰지만
독거로 살아가는 세월은
아지랑이 길이 된다

고요에 깊이 잠긴 한옥마을 찾아가다
늙어버린 저 남자 그림자 덮어쓴 채
어디로 흘러가고 있나,
뒷모습이 느껍다

버스정류장 먼로

동살 잡힌 나주볕이 부풀어 터질 때쯤

깜짝 놀란 나팔꽃이 둥글게 몸을 만다

먼로는 하, 부끄러워 치마폭을 오므린다

네모가 더 반듯한 벽보판 판넬 위에

풀빛 실루엣 드리운 화사한 그 먼로지만

이제는 잊어버리자, 그녀는 세상에 없다

또다시 찾아와서 사무치게 볕을 안고

언덕바지 오르내린 저 바람의 시린 발등

닳아진 살들*을 안고 떨군 눈물 몇 방울?

* 이호철의 소설 제목 차용

북한산 에피그램

능선마다 멈칫대는 저 바람의 시린 발등
억새꽃 하얀 손짓 하늘 가녘 쓰다듬고
겨운 숨 게워내는가, 우듬지도 팔랑댄다

암벽 같은 한 생애를 그러안은 사람들이
잠 덜 깬 산정에 올라 이마를 빛내면서
온몸의 적공을 벼린 절명시를 예비할까?

태곳적 침묵을 안고 천 길 벼랑 딛고 선 날
먹장구름 행로처럼 또 하루를 둘둘 말고
땀땀이 기워낸 목숨, 문득 불새 날린다

적막에 관한 3가지 에필로그

1

노랫소리 끊어지고 무희들도 사라지고

검은 휘장 내려와 캄캄해진 무대 위 갑자기 막막해진 길 파도 곁에 눕는다

2

왕따 당한 한 아이가 웅크린 옥탑 방

길 없는 길 위에서 휘휘 감는 먹장구름 이불 속 절지동물은 슬픈 음역 더듬고

3

날씨마저 흐려지자 울부짖는 소나기

바다는 바가 와도 문 열 줄 모르는지 등대의 아득한 울음, 바다 속에 갇힌다

기호학 개론

애초부터 우리는 가명으로 뭉쳤다 일면식도 없었지만 초면부터 친숙했다

안개를 걷어내면서 도시 속에 핀 꽃들

무대 주위 빙 둘러선 수많은 인파 속에 HONG님 더러는0 8 2 4, 또는 달맞이꽃

각자가 독특한 기호를 거머쥐고 웃고 있다

수능해답 집어내듯 내 등 톡톡 노크하는, 두 눈이 마주치자 그럴듯한 가명이 실명인 듯 오고 가고

카페에 오고 간 문자 얼굴로 읽어간다

저녁의 세탁소

미세먼지 앞을 막는 쌍문동 재래시장
그 골목 끝에 앉아 턱을 괸 풍차세탁소
가늘게 새어나오는 한 숨 천 길 물 속 내젓는다

제 발로 걸어오던 땀 절은 습한 의복
어느 골목 뒤지는지 코빼기도 안 보이고
대기업 우산 아래는 땀투성이 만원이다

이영자야
이영자야
가여운
이영자야
이십대 자영업자 영남권 호곡소리
듣고도
못 들은 척하는
앙큼일랑 떨지 마라

사이좋은 뼈

애절하게 사이좋아 한 집안에 든 그 뼈대들
헤어질 때 헤어지지 못하고
궁리만 하던,
네 몸이 내 몸이 되고
내 몸이 네 몸이라던

남들보다 작은 육체 누를 힘 있었었나
웬만한 친구들 다 버텨내는데
내 허리만
4, 5번 척추 밀착이
세상살이 훼방꾼이다

정신과 육체가 한 몸에서 따로 놀 듯
육체를 지탱하는 그것들도
따로 놀았나
쇼크 받고 들붙어버린
들붙어버린 나의 기둥

땅바닥 경전

검은 의상 단 한 벌로 몸매 가린 엄지발톱
봄빛 건 듯 얼비치면 세상 참 아득하고
또다시 찾아온 축제, 달려가는 서산 장날

눈에 익은 행길마저 가끔씩은 멀어질 쯤
물 위에 뜬 저 난파선, 떨어져 나온 뼈 조각
움푹 팬 두 눈을 감고 바람의 길 새긴다

허공을 날아와서 아지랑이 되어버린
밀봉당한 한 세월이 발밑을 배회할까
쉼 없이 주문을 왼다, 아제아제 바라아제

비린 숨 붉은 눈물 햇볕 골라 말려 놓고
몸속의 장기마저 유리알로 반짝일 때
지상의 저 검독수리 산정에 날리고 싶다

장엄한 다리

어떻게 그곳에서 별*꽃들이 피어났을까
학교도 못 간 아이
공부하고 싶었던 아이
어둠에 묻혀 있던 에미
글자도 모르던 에미

은하수 반짝일 때 그 부러움 걷어내고

달의 얼굴 둥글어도 톱니바퀴 그려 넣던

질척여 걸어온 여정 얼음에 절어진 맨발

쑥 캐고 냉이 캘 때
나직이 속삭여 주던
고추 따고 오이 딸 때
그 웃음 지어주던
세상의 모든 만물들아
고맙다 다리를 주다니

* X신문 일간지에 공부 못한 할머니 밭농사 지어 장터에 내다 팔아 모은 돈 일억 모 대학 장학금에 쾌척했다는 기사가 있었음

잠자는 화석

진양주 빚고 있다, 달빛 푸른 초닷새 날
지나온 시간들을 얼룩으로 새겨 넣고
천형의 검은 솥 가마 불길 위에 몸 사른다

꼬들꼬들 고두밥이 몸을 낮춰 풀어낸 길
누룩의 진한 살내 방안 가득 번져가고
드맑게 거듭난 숲이 숨소리를 고른다

제금*나간 시동생도, 멀리 사는 재당숙도
잠자는 화석처럼 다문 입술 들썩이는가?
긴 침묵 앵돌아진 가슴, 더운 안부 궁금하다

보름 지나 술독 열고 걸러낸 맑은 액즙
모래톱 둘러앉아 개밥바라기 읽는 날엔
옹이진 매듭들마저 덩달아서 풀어진다

*제금: 딴 살림

붉은 닻

— 2019 조선소

녹물 범벅 쇠붙이를 목숨인 양 그러안고
구조조정 한파 속에 맥을 못 춘 저 일손들
둘둘 만 척추 곧추세워
바람처럼 일어선다

천리 바다 너머인가, 먼동 트는 외진 그곳
갈맷빛 물결 위에 번득이는 눈빛을 하고
서둘러 키를 잡는다,
힘껏 닻을 올린다

휘돌아선 모퉁이 길 숨 고르는 객토의 날
하루에도 몇 번이나 방향타를 바로 잡고
배 밑창 물갈퀴 세워
붉은 닻을 올린다

조선의 낮달

1. 만천명월주인옹*

곪은 자리 찾아내 단칼에 도려낸 뒤, 모난 곳 샅샅이 뒤져 맨질맨질 닦아내어 어젯밤 독서한 몸에 새를 날려 보내고

2. 백자 청화매죽문 항아리

고즈넉한 내전이 천상에서 내려왔나, 매화와 대나무를 선명하게 떠올린 채 발색된 세상을 위해 반짝이며 꿈꾼다

3. 전곶교**

삼백초 고이 달여 정성으로 우려낸 뒤 포복한 살벌이벌*** 어둠 다 들어 올려, 멀어진 그날의 간극 촘촘히 잇대놓은

* 정조임금의 호.

** 살곶이 다리.

*** 뚝섬.

뿔에 관한 간추린 보고

양파 값 폭락하자
밭이랑 갈아엎고
서울행 기차에 오른 H마을 이·대·로 씨
날마다 일거리 찾아
삭막한 땅 떠돌기만

고시원 좁아터진 방 몸 하나 의지하고
이 생각 저 푸념 두서없이 짚어갈 때
힘없이 망가져가는 혼밥과 혼술의 사이

많은 것 포기하는 9포 세대 시간 속에
빼곡히 휘장 걷고
창밖 멀리 내다보고

이마에 뿔 돋는 소리
이명으로 들려온다

괭이갈매기 그리다

챙이 넓은 바위 밑에 그림자 내려놓고
거친 파도 숨결소리
날개로 보듬는다
유마의 품에 들었나?
선의 경지 펼친다

몇 년이 흐른 걸까 인적 뜸한 그 저녁
홋승에 점찍어 놓은
한 세상 떠올리며
아득한 무인도 하나
성큼 물고 날아간다

나목시대

1.
병든 자본 가지 끝에
아스라이 주저앉아

나사 팍팍 조이는
염창동 고시원생

탈골된 어깨 관절뼈 함께 조여 놓는다

2.
오전에 알바 두 탕
저녁 무렵 맥도날드

날마다 곱으로
들이키는 냉수

온몸에 새긴 이력서 문신으로 꿈틀댄다

3.
숨 가쁜 오타의 하루
세월은 또 주저앉고

모질게도 입술에만
동장군이 매달리고

몸뚱이 저당 잡히고 내일 팔아 오늘을 산다

광화문에서 체 게바라*를 읽다

하나씩 나눠 받은 아린 운명 끈을 풀어
닳고 닳은 서울 땅에 혁명처럼 내린 폭설

예수는 그 무얼 위해
십자가 짊어졌나?

어둠을 털어내고 눈사람으로 서 있어도
하 수상한 세우러 속에 발 딛는 곳 허방이고

예수는 시린 광장에서
십자가 불을 끈다

*아르헨티나 출생의 쿠바 정치가

백 년의 허기

바람이 보듬어준 한길가 붉은 우체통
한뎃잠 이골이 난 시린 노숙 골이 깊다
옆구리 돌돌 말고서 외등 불빛 바라본다

심 닳은 몽당연필 침 발라 쓰던 편지
앙가슴 복받칠 땐 눈물 울컥 치밀었고
새하얀 편지지 위엔 꽃잎들이 수북했다

레일 위를 지나가는 간단없는 바퀴소리
가물가물 밀려오는 잠의 자락 그 끝 무렵
눅눅한 먹빛 하늘에 하루해가 떨고 있다

까마득 사라졌어도 새가 울던 지난 세월
곱다란 잎새마다 깨알같이 적었던 글씨
별 총총 스민 발자국에 만종 소리 넘친다

줄

어둠이 내려왔다
조용히 눈물도 왔다
짓밟히고 짓밟힌
식민지의 감시자는
노래를
멈추게 했고
이불 둘둘 말아
입을 막았다

아들도 뺏어가고
점퍼도 뺏어가고
한국에 살러 나온
막노동 하던
러시아 여인
그 눈물 우리와 같아
서러움 반 울부짖음 반

아무 일 없다는 듯
들창문 열어놓고
러시아 국가를
조용하게 부르시게
풋감이
떨어진 자리
러시아 국화 기르시게

2부

그해 여름 소금창고

끈적끈적 달라붙은 바닷바람 밀어내고
물비린내 훌훌 건너 스미듯 찾아간 그곳
정박한 목선 한 척이 반갑게 날 반긴다

차르륵 건반을 치는 간지러운 파도소리
섬 하나 품고 와서 잠 속에 빠져들 때
농익은 포구의 오후 젖은 몸을 핥는다

재바른 가위손 위에 갈매기떼 퍼덕인다
스무고개 넘어가다 꼬리 잘린 까만 세월
마지막 돌아갈 곳이 소금창고 뿐이던가?

독거獨居

엄마는 아버지의 그리움을 잊어먹고

아버지는 엄마의 그리움을 잡아먹고

허기진 그림자들은 그리움에 저물고

동백다방

조선의 옛 도시 한양의 북창동에

그만큼이나 옛스러운 간판 내건 다방 하나

바람이 흔들 때마다

가로수가 망을 본다

쉬나무*

아베야 왜 아프노
아베야 어디가 아프노
강제징용 다친 허리 비 오는 날 도지는가
약 없인 못 걷는 이승 길 멀리 가기 두려운가

아베야 왜 우는가
아베야 왜 눈물나노
고엽제 진저리친 부황 뜬 다리 한쪽
세월이 몸서리나고 억울해서 우는 건가

* 동백나무와 함께 비교적 손쉽게 기름을 얻을 수 있었던 유지油脂자원

푸른 꽃 스러지다

낮과 밤 구별 없는 들썩대는 난장판

상사에게 뜯긴 속내 집에 와서 까뒤집는가

집마다 모여 앉아서 성찬의 잔 들어 올리네

층간소음 해결 못해 목숨 내준 경비원 둘

이제 고작 나이 사십 사이좋은 처남 매부

고약한 피비린내를 전 세계에 풍겼다네

둘이서 알뜰하게 지켜가던 거룩한 성소

빠져나온 들 것 위엔 검은 꽃 피어나도

상여길 가는 길에는 눈물 희게 닦으시길

그네의 시간

흔들리는 꿈을 꾸는 칠흑의 검은 밤
바람도 불지 않는 날 온몸은 굳어가고
별들을 불러보려고 눈꺼풀 들어올린다

불황이다 국가부도다 소문이 난무해도
제 가슴 속 불길 따라 제각기들 바쁜 이들
새처럼 날아갔다가 부나비로 돌아오고

그 누가 매어놓았나 그리움도 되지 않는
공터에 방치해놓은 이방인 같은 벽화 한 장
날마다 혼자 쓰는 문장 발밑에 수북하다

기도소리는 침대 밑에서 새어 나온다

연명치료 병실 안
침대와 환자의 무게
오롯이 떠안고 호떡처럼 눌려 산다
좀처럼 빠져나오지 못해 암 냄새로 썩고 있다

조여 오는 압박감
저항 한 번 못해보고
무지인가 무력인가 불가항력 굴종의 미학
점점 더 무거워지는 죽음의 무게
날은 저물고

눈물샘 다 말랐어도
흐르고 또 흐르는 눈물
흐느낌 밖에 샐까 입도 막고 귀도 막고
숨어서 우는 그 사람
기도하고
기도하고

겨울 벌교

넓은 가슴 옷고름 풀고 찬바람 퍼 담는 갯벌
숭숭 뚫린 구멍마다 나들이 왔다가는
참꼬막 주름진 입술
열렸다가 닫혔다가

어머님 날 잉태하고 자궁을 여시던 날
전신주 뒷짐 지고 오르내린 자드락 길
황무지 얼어붙은 땅
눈이 감겨 비틀대고

조금씩 입 벌린 채 잡혀온 어린것을
한 봉지 담아들고 횡단보도 건너는 이들
집 안에 풀어놓고서
초록바다 불러낸다

설탕 속에서 새가 날다

옛날 친구 돌아간 뒤 팔베개 하고 있다
초고속 화면 타고
줄을 서듯 따라오는
유년의 꽃잎사귀들 사뿐사뿐 날아오른다

녹인 설탕 그 위에 쿡!하고 찍힌 별
그것 하나 받아들고
두근두근 뛰던 심장
육손이 아저씨가 하늘로 보이던 날

세상의 어느 새가 설탕 속에서 날아오를까
반짝이는 시리우스
뭇사람 사랑이었지만
달고나 그것 하나는 나 하나만의 설렘이었다

부재不在

지하 계단 한 여자가
허공에다 올린 손
삼배를 올리다가 갑자기 멈추었나
뒤집힌 손바닥 위에 동전 몇 닢 놓여 있다

사람들 인기척
예민하게 곧추세워
왕년의 스타답게 철 지난 대본도 되뇌이고
그래도 남은 시간엔 지루한 멀미 삭히고 있다

오늘 하루 빈 배는
정처를 정했지만
기우뚱 갸우뚱 쉴 새 없이 까딱대고
전신을 파고드는 바람 얼어붙은 발바닥

백탄의 문장

아궁이 그 속에서 불꽃으로 피어났던
벌목된 풍경들이 숯이 된 사연 듣고
결빙된 삼포세대를 위로하듯 바라본다

널뛰는 심장소리 피돌기가 그러안아도
칠십 번째 이력서 어디로 흩날렸는지
찬바람 휘몰아쳐 와 목을 핥는 한겨울

남아있는 힘으로 무르팍 일으켜 세워
마포구 염창동 벌집 얻어 들어설 때
꿈꾸던 신전 하나는 와르르 무너졌다

별들은 무얼 위해 오늘 저리 반짝이나
시린 골목 안에서 돋아난 가등 속에
불면의 차가운 밤이 둥글게 몸을 말고

하지夏至

하늘을 밝히려고
맨몸으로 뛰든 세상

친한 친구 자멸한 뒤
내 삶은 무너졌다

꽃이 된 인파 속에서
비를 맞는 유리여

화답시를 쓰다

1
힘겹게 살아온 생
단숨에 지워지고

푸른 몸 찢겨져서
내장이 드러나면

배알도 내주어야지
남김없이 깡그리

2
코리아 땅 한복판
번창하는 양고기집

부질없는 영생이
노릿노릿 익을 때쯤

빌딩숲 유리창에서
반사되는 꿈이여

거대한 모서리 생활의 발견

쌍 겹의 두근거림 허공에다 내던진다
아득한 그리움 따윈 천리 길로 밀어놓고
메마른 생애 저 멀리 무지개만 피어난다

갈고닦는 모서리 빛이 나고 번득인다
반듯하게 피오라반티* 차려입은 아버지
람보르기니** 올라타고서 하얀 손 흔든다

아이들은 방과 후 8군데 학원 가고
카트 밀고 마트 가는 어머니 쇼핑 행로
봄날은 현기증도 없이 화사하게 부풀고

각혈로 물이 들어 진달래로 피던 계절
먼 햇귀 조리질 없이 우울 위에 얹으면
겨울도 겨울로 가서 화사하게 부풀고

*세계의 반열에 든 남자 정장
**최고급의 자가용

메니에르 증후군*

열도 없는 편두통
훌 훌 훌 털기 위해

상자를 빠져나와 과천**으로 나는 간다
몇 개의 단단한 생각 그 네모를 허물며

울타리 둘러쳐진 공간 속을 지우면서
고개 들고 이 세상 마음대로 기웃댄다
오랜 날 야윈 몸뚱이
하얗게 드러낸 채

맑은 눈 치켜뜨고 눈맞춤 하는 동안
들끓는 상자들은 바람에 날아가고
너와 나 사이를 지나
에굽은 길 밝아온다

*빙빙 돌거나 위아래로 움직이는 느낌이 편두통으로 나타나는 현상
**어린이 대공원이 있는 지명

푸단라이몬드*

수 만 편 사설이 된 생애로 앉아 있던
이천 십팔 사월 하고도
이십사 일 비 오는 날
덕 례 꽃 저 세상으로 숨어버리고 말았습니다

뒤척이던 파도 소리 어둠 벌컥 들이키며
투명한 달밤에도 가시에 찔리면서
휘감는 차디찬 세월 훌훌 털지 못하고
탈색된 세월에다 내어 준 구십칠 년
텔레비전 자막으로나
지나갔던 머나먼 길
피고름 닦아내면서 이따금씩 바라보던

광풍 한껏 불어 닥쳐 눈 못 뜬 그 많은 날
혁명의 중심에서 쏟아내던 마침표들
앵두꽃 졸음 속에도 폭풍은 불어오고

*일 년에 단 한 번 피는 꽃

일어서는 살*

주삿바늘 꽂힌 자리 통점마저 먹먹하다
실핏줄 터진 팔뚝 여기저기 붕대 감고
앙상한 실가죽 위에 덮여있는 허연 비듬

병실 안을 엄습하는 숨 막히는 물음표들
죽음 앞둔 눈동자에 는개 그리 아른거리고
칼을 문 바람 소리가 심장 한쪽 도려낸다

고드름 떨어진다, 창틀에 멈춰 선다
죽은 나무 삭정이에 졸고 있는 황여새야,
온몸을 휘감는 냉기 뉘 엄마의 울음인가

살고 싶은 욕망들이 염치없이 앞장선다
환했던 지난 세월 흐느낌으로 턱괸 침상
마지막, 마지막 잎새 그예 땅에 목 떨군다

*환경보호센터 집계에 따르면 2017년까지 142명의 가습기 환자가 사망하였다

떨켜

잎자루 손목을 쥐고 숨차게 달려온 길
햇살 부피 두터울 땐 무거운 옷 벗어주고
바람 찬 산 비알 돌아 벌써 갈까 속 졸인다

저 먼 벌판 스쳐가는 어제 본 만장행렬
느린 걸음 멈칫멈칫 곡비소리 구성지고
세상의 길이란 길이 문득 살아 숨쉰다

밤새도록 기침소리 토해내던 나뭇잎들
날 새자 한 겹 한 겹 부릅켜가 눈을 뜨고
나무는 빈 손 흔들고 긴긴 겨울 대적한다

갑자기 불어 닥친 살을 에는 저 툰드라
봄에 들른 용추폭포 나들이가 그립다
또다시 저무는 한 해 나무는 또 홀몸이다

가마솥 보고서

아버지 공사판에서 쓰다 남은 파지장작
재래식 아궁이에서 혀처럼 불 붙는다
나이테 지우는 나무 불면도 털어낸다

깊숙이 마음 심어 곧추세운 푸른 기억
깜깜이 변해버린 역사의 현장에서
노루는 초원을 찾아 자화상 그리고

불꽃이 기세 좋게 어깨춤 추는 동안
매끼마다 쌀 안친 가마솥 밑바닥에서
한 번도 몸 태운 적 없는 우등생 모범 답안

한지같이 바삭하게 노릿노릿 익은 몸
간식으로 먹고 자란 무쇠 같은 아이들
지금은 그 시절 잊고 태평양을 건넌다

늦봄

새 단장한 극장에서 영화를 보는 시간
요란한 총소리가 벽 뚫고 달려가면

이 세상 모든 비명소리
골목으로 잠기고

만날 사람이 없어 햇살을 매만지면서
집시로 떠돌다가 귀가한 과거처럼

공명은 달팽이관 속에
아지랑이 집을 짓고

3부

양로원

구구는 달디단 사탕 한 알 먹고 싶고
팔팔은 심술이 나 얼굴 근육 일그러지고
칠칠은 덧없는 세월을 그물에 퍼담는다

섶 섬

한 땀씩 어둠 펼쳐 저며 온 풍경처럼
벼랑에 가지런히 펼쳐놓은 길 마냥
오래된 수묵의 세상 은빛으로 빛난다

갈매기 깃 내리고 한없이 넋 놓은 듯
초록 색깔 떨치며 내뿜는 숨이 강렬해
바닷가 둘러앉아서 풀꽃이 된 사람들

선암사*

한 마리 하얀 철새 창문 위에 앉혀놓고
향기 한 줌 몸에 배인 장삼자락 펄럭인다
느린 꿈 빗장을 열어
한껏 불러 모으는 꿈

직립의 회초리로 그 긴 잠 깨우고
몸 붉혀 보름달이 된 만권의 서책처럼
한번도 너울거린 적 없는
굳게 박은 철심이여

또다시 그대가 그려놓은 그림 속에
푸른 물이 가는 누옥 한 채씩 지어놓고
조각달 환하게 밝히며
걸어가는 꽃구름

내 몸에 조각달 심어 그대에게 가고 싶다
모가 난 귀퉁이 갈고닦은 둥근 세상에서
삭막한 생의 한 켠을
보듬어 어루만지며

*순천시 조계사에 있는 사찰

용대리 가는 길

바다가 어루만진 속살까지 탱탱한 몸
배 밑창 숨 내리고 멀미 하냥 하는 사이
코 꿰어 끌려나온 너, 판화처럼 내걸린다

푸르게 일어서는 그 물결 다 지우고
맨살을 발라내고 환부 저리 드러냈나
금강송 장대에 누운 성스러운 순교자

세상의 길이란 길 바람으로 말리던가
지렛대 그 위에서 떠나보낸 푸른 그늘
피부에 와 닿는 불빛 눈 비비며 바라본다

버릴 것 다 버리고 가뿐해진 몸피인가
아픔마저 사라진 곳 닻을 내린 덕장에서
애움길 육탈의 시간 마른 등짝 묵직하다

(2017년 중앙 시조백일장 당선작)

캄보디아에서 왔어요

스모그 꽉 찬 하늘 내 주머니 훔친 모래
거기가 제 집이라고
우겨대고 입상 떤다
어둔 길
헤치며 갈 때 여린 물집은 터져가고

살인이 난무하고 자살률 1위의 나라
노동 대가 떼어먹고 갑질하는 고용주
무궁화 시들고 있나 풀 수 없는 물음표

이목구비 반듯한
러시아인
그 여자
하나뿐인 아들 잃고
꿋꿋하게 살아갈까
목덜미 누르고 있는 보이지 않는 검은 손

종로

땅거미 멈칫대는 탑골공원 둘레길에

떠날 사람 죄 떠나고 남을 사람 서넛 남아

출출한 해넘이 시간, 시린 발길 재촉한다

독거가 독거에게 대물려 준 풍경인가

몸 잃은 그림자가 드러누운 벤치 너머

어스름 사뿐 깔리는, 눅눅한 길 놓인다

파시가 열린 듯이 허구한 날 북적대는

갈 곳 없는 새떼끼리 모여든 변방인지

휑한 저 돌개바람에 지는 해가 떨고 있다

하피첩*

한지 대신 펼쳐놓은 노을빛 비단치마
수척한 바람 한 줄 댓돌 위에 서성이고
어젯밤 서리까마귀 멈칫멈칫 길을 묻다

귓바퀴 밖 매암 도는 벌레소리 잦아들고
새벽녘 미명 헐고 씻어내는 흐린 눈빛
소맷단 떨리는 손이 옷깃 여며 먹을 간다

무얼 그리 적바림하려 붓끝 곧추 세웠는가
아들에게 실어 보낼 가시 울장 빈 하늘을
몇 굽이 훌훌 풀어낸 호연지기 풀의 문장

벼리고 벼린 한 획 한 획 직필의 혈서인가
들끓는 지아비의 그 간곡한 속엣말이
뼈마디 곧은 결기로 야청 하늘 풀고 있다.

*정약용이 강진 귀양살이 때 아내가 보내온 비단 치마폭에 두 아들에게 교훈이 될 만한 내용을 적은 책

나는 어떡하라고

여섯 번째 수술한 허리

꼿꼿하게 펴지도 못하고

불면은

밤마다 와

눈꺼풀을 뒤집고

잠자다

저 세상으로 떠난

어머니나 대물렸으면

공복

먹다 남긴 찌꺼기 모아모아 먹이고
있는 야비 없는 야비
분풀이로 꺼내들고
매질로 일삼아 가던
일어나는 또 하루

'가'자 '나'자 모르는 이 무언들 알까마는
오늘이 4일이면
내일 5일이건만
오늘이 5일이래도
내일은 8일이라고

무인도나 다름없는 화산섬에 닿기까지
오기는 쉬었으니
갈 때는 어떠할까
매질로 시작이 되는
열리는 또 하루

오늘 1

눈雪의 키가 사람보다 아득하게 높던 시절
삽으로
굴을 파듯
길 내주던 할아버지
기나긴 시간 건너와
온난화에 묻히고

새벽까지 밝혀 논 불
교회당 십자가
인간이 파놓은 낙원에 들어가
몇 건의 살인 사건을 목도하고 통곡하고

어젯밤도 총소리는 사정없이 들려오고
튀는 피는 보폭 넓혀 예까지 전달되고
아직도 굶주린 자들이 진을 친 세상 귀퉁이

어머니의 구전口傳

자위대 군복 입고 산모퉁이 돌아가던

옆구리에 그 칼 찬 절도 있는 걸음걸이

흐릿한 영상 한 장면 덴노헤이까 덴노헤이까

다정하게 불러 봐도 오지 않을 그 시절
두레 밥상 둘러앉아
갓밝이 거머쥐고
두 무릎 꺾어지는 소리
침묵 속에 환하다

방아질로 꼬부라진 어머니 새끼손가락
멀겋게 쑨 죽 한 사발 허기는 허기를 얹고
풀뿌리 나무뿌리가 식량이던 황폐한 식탁

뼈의 내력

오키나와 오오기미 강풍 부는 별판 위에 흰머리 희끗희끗 서리 날린 할머니들 주름살 메울 수 없어지는 달을 붙안고

천리를 걸어온 듯 젖은 날이 기어가고 우물 속에 갇힌 꽃 숨은 바람 되감지만 또다시 돌아오는 봄 뼈의 내력 움켜쥔다

지구가 도는 만큼 구름도 가벼워져 시들시들 닳아가는 살 신음 소리 무거워도 시간이 파먹은 자리 나사 깊이 조인다

늙은 꿈도 빗장 열려 봄빛 한껏 다가오고 꼼짝 않는 고요에다 기억의 집 짓는다 숙였던 당신의 허리 곧게 곧게 펼치면서

윤극영로路에 서성이다

무심하게 지나치던 차창 밖 표지판 하나
붉은 물감 끌어안고 반달 같이 반짝인다
키 맞춘 너와지붕들
지난한 반세기

허공 밭에 길을 두고 음표 촘촘 심어놓고
물 뿌려 다독이고 어루만져 색칠했나
새 불러 노래를 시키니
그 날이 설날이더라

미처 펼쳐보지 못한 열망의 잿빛 무대
일장기 태우던 손 그리다 만 높은음자리
쓰다 만 육필원고 위
돌아가는 턴테이블

하얀 반달 앞세우고 낮은 담 에두르니
꽃들이 만발하고 새들마저 길을 트네
가던 길 돌려보내고
예서 놀다 가야겠다

건빵이 있는 방

이불 밑에 숨겨 놓고 야금야금 먹는 건빵
군부대 중사의 방 신혼집이 있었다
우리는 굶주리지는 않는다고 떠들던 여자

허구헌 날 그 방문 앞 쭈그리고 앉아서
아작아작 씹는 소리 그 음각을 붙들고
꽃 하나 그려봤다가 새 한 마리 그렸다가

먹던 과자 이불 밑에 감쪽같이 숨겨놓고
벌컥하고 열어제낀 여닫이 문 신부의 손
두 눈 착 내리깔고서 벌떼 쫓듯 내젓던 손

별을 보여 드립니다

— 이청준의 생가

난청에도 잡혀오는 물풀들 자라는 소리
수초 떼가 머리 풀고 나직하게 읊조린다
별 보여 드립니다요
고작해야 단돈 오원

등도 푸른 남도 생선 물 위에서 유영할 때
높은 파도 올라타고 바라보던 검은 창공
펄, 펄, 펄 뛰는 동맥을
펜대 위에 불사르고

소리 없는 함성으로 잦아드는 영상 한 컷
단성사 거리 앞에 길게 줄 선 인파 너머
서편제 돌아서 간다
자욱한 이내 지워진다

남해 바다 길을 따라 발길 멈춘 바다 정원
다락방 굽어보는 천년 학 세트장엔
아직까지 훨훨 타는 불
선술집 아궁이

초설

김포 구미 2일장 흰 눈 펄펄 쏟아진다

안으로 들어서며 발을 터는 사람들

아직은 눈 오는 날이 마냥 좋은가 보다

우두커니 창밖을 내다보는 주인 할매

무쇠 솥 진한 국물 이마 위에 송송하고

퍼지는 기세 그대로 냄새마저 구수하다

너무 오래 쓰다보면 모든 것이 마모된다

솥 꼭지도 떨어지고 둘레도 가벼워진

이참에 새것으로 바꾸고 국밥 값도 올려볼까?

파랑새 만평

내 몸에 말을 심어 너에게로 가고 싶다

뾰죽 돋는 새순마다 불빛 환히 밝히고

들이친 찬바람 모서리 보듬어 어루만지며

지우고 또 지운 편지 보낼 수 없는 사연

각이 진 원 하나를 동글동글 다듬고

몇 백 넌 곰삭은 거울 새순 하나 묻고서

그때까지 갑질하는 모든 사람 용서하고

두 손으로 받들어서 두 손으로 올리고서

머나먼 허공을 향해 파랑새처럼 솟구치리

시외버스 매표소

새 아버지 곁으로 떠나버린 새 어머니

훌쩍 자란 아이가 찾아가는 십 년 세월

둘러 맨 보퉁이 가득 서러움 반 노여움 반

새하얀 이팝꽃 어느 사이 만개했지만

혼자서 건너야 할 강 푸른 물살 거세고

딱 한 장 시외버스표 주머니에서 훌쩍인다

접었다 다시 펴고 폈던 것 다시 접는

그동안 흘러간 시간 눈물만 키웠는가

손에 쥔 얇아진 주소 글씨마저 울먹인다

데스밸리

#
물처럼 흐르던 불 바위로 굳어버린
단 한 번 빠져들면 헤쳐 나오기 힘든 계곡
기어이 찾지 못한 출구 제 머리에 총구 겨눈다

#
사십오 층 주상 복합 들어앉은 계란 노른자 땅
누구나 한 번쯤 살고 싶어 적금 붓지만
야차들 숨어 사는가 인기척도 사라진 곳

#
면적이 조그마한 이씨 마을 집성촌
집들마다 방문은 굳세게 닫혀 있고
문고리 잡아당기자 얼굴 내민 하얀 할머니

궤적

— 금동대향로*

바람의 등 타고 내려 허공에서 꿈틀대네
사려 앉은 푸른 세상 고요 또한 그득하고
활기찬 몸짓이 가득
똬리 틀고 용틀임하네

연꽃잎 한 장 한 장 물 위로 낙상하네
기러기떼 울며 불며 탄주하는 다섯 악사
굴리는 세월의 소리
홀로 잣는 수레바퀴

어스름 서성이는 정적 깊은 저녁답에
어느 뉘 촛불 하나 사뿐히 집어들고
산마다 불을 놓는다네
태동하는 몸짓으로

*충남 부여군 부여읍 능산리에서 출토된 백제시대 유물

4부

탈북을 스크랩하다

서울 땅 광화문에
촛불 열기 번진 그때

죽을 둥 살 둥 월남한
공화국의 밤을 본다

총탄이 박힌 그대로
사선을 넘은 남자

국산 피로 소생한 몸
GGG 듣고 있나

이제는 수원 오씨
자유 혈통 얻었는데

어머니 아바지 목숨
걱정되는 남자

귀람이*가 왔어요

유목민 게르에서 별 불러 속살일 때
양떼 무리 모여들어 사립문 열었을 때
가을에 찾아온 여자 포장된 눈물 들고

가을날 깊은 밤 정적 속에 몸 놓을 때
몸피 얇은 낮달이 공중 높이 떠밀릴 때
가을에 찾아온 남자 포장한 한숨 들고

*귀뚜라미

뻐라삐라*

기둥고 세워둔 채

서까래도 세워둔 채

마른번개 딱 한 번

번쩍하고 터트린 뒤

기어이 발 한 번 담궈 본 이승

미련 없이 떠나긴다

*조용하게 세상에 왔다가 돌아간 태풍의 이름

재활용 용품점

손때 묻은 시간들을 오롯하게 끌어안고
또래끼리 키를 맞춘 잡동사니 용품들이
익숙한 웃음 한 끝을 세파 속에 밀어 넣는다

길 건너편 마네킹에 하얀 새 옷 입혀지고
리모델링 신장개업 쇼윈도 화려해도
거꾸로 태엽을 감으며 부처처럼 처연하다

삐걱대던 자국들이 구석구석 너부러져
넘어졌다 도로 서는 절둑이던 이승의 길
가면을 벗은 민낯이 박꽃 저리 환하다

뼈부처

애초부터 네 성품이 단단한 건 아니었다
번뇌 망상 소나기 폭풍처럼 퍼부을 때
풍랑을 가라앉히고 기도하던 너였구나

처음부터 네 모습이 둥근 것은 아니었다
천둥 번개 강풍까지 회오리 일으켜도
모서리 갈고닦으며 경전 외던 너였구나

끈

삼 년 동안 들고 다닌 낡은 보퉁이처럼
가는 곳 물어봐도 모르쇠로 일관하며
그녀는 차표 없이도 가고 싶은 곳 간다

지능지수 모자라도 가끔씩은 멀쩡하다
어디까지 가느냐 아무도 묻지 않아도
뺏기면 안 되는 일생 힘주어 그러안고

어쩌다가 같은 차에 동승하게 되었을까
앉을 자리 확인한 지난날 생각하며
고개를 돌려서보니 내가 또 거기 있다

토씨가 달아났던 그 여자의 긴긴 문장
환해진 창밖에서 피어난 아지랑이로
오늘은 두 눈을 감고 봄볕에 몸 말리는

멍

어차피 이리 될 줄 진작에 알았다면
피자도 안 사주고 달래지도 않았을 걸
먹을 것 다 빼앗아먹고 구석에서 쪼그려 잔

그 많은 조각들을 지들끼리 먹어치운
우리 아들 발 못 뻗을 동토의 땅 한국에서
눈물샘 마를 때까지 울고 또 울고 있다

오징어 나라

원양어선 갑판에서 뛰어내린 외국산이

생선가게 싹쓸이로 좌판 위 점령해도

먼 나라 타지에 서서 고향땅 붙안는다

갈수록 낯설어지는 푸른 바다 거센 풍랑

뜨거워진 바닷물은 식을 줄을 모르고

삼각형 지느러미로 터트려 논 까만 바다

언제쯤 가보려나 집어등 환한 속초

머릿속 하얀 자리 설렘으로 채워놓고

아득한 행로 위에서 옷깃 다시 여민다

오리 일기

1
애기별꽃 흐드러진 호숫가 요람 속에
눈부신 노란 햇살 물장구치며 논다
한 세월 물비린내를 새하얗게 풀어낸다

2
까치발 들고 가는 유목민들 몸짓 같다
뒤뚱뒤뚱 오리궁둥이 우리나라 봄빛 돌고
동구 밖 들머리쯤서 불러보는 먼 메아리

3
이쯤에서 바라보면 길은 문득 벼랑 같고
뜨거운 불판 위에 올라앉은 친구 생각
비오리 가는 귀 먹은 듯 어둔 시대 걷고 있다

새는 자유롭다

꼬리 짧은 청송별이 어제처럼 곧추세운 봄
옮겨 앉은 긴 그림자 재바르게 사라지고
둥지 속 깊이 들어가 둥글게 몸을 만다

우수수 떨어지는 꽃, 지상에서 날숨 쉬다
찬바람에 몸을 털고 횃대 위에 옮겨 앉아
깃 고른 팔색조 홀로 노을빛을 헤고 있다

털끝마다 적어놓은 저 푸른 생의 목록
갈피갈피 짚어 읽을 때 닫힌 하늘문 열리고
은물결 털어낸 꼬리, 날개 또한 금빛이다.

바람의 깃털

탑골공원 담장 아래 가지런히 펼쳐놓은

복고풍 나팔바지, 꽃이 핀 와이셔츠,

길바닥 어둠을 쓸고 햇살 불러 모은다

아라비아 한 상인이 날려 보낸 풍선일까,

행인이 떨구어놓은 바람의 깃털일까

먹먹한 구름띠 걷고 야청 하늘 펼친다

어두웠던 과거는 담벼락 따라 흐르고

적당히 허기가 찾아와 출출해지면

남자는 구름을 모아 어디론가 사라진다

닳아지는 살들*

'망고가 왔어요.'
'바다 건너왔어요.'

찢겨진 기억들을 확성기에 구겨 넣고
골목과 골목 사이에서 우렁차게 튀어나온 말

구조조정 시절에
단련된 우리 아버지
자영업자 반열에서 급제동 걸렸지만
마지막 불꽃을 안고 관절뼈를 고른다

불경기 풍경들은 어디에서 몸을 푸나
치기 같은 늦가을 골목에서 사라지면

긴긴 밤 부둥켜안고
별빛에 가 닿는다

*이호철의 소설 제목 차용

청둥오리 후렴

달의 뒤태 좇으려고 채비하는 철새 군단
소풍 가는 그날처럼 종종걸음 박자 놓고
긴 문장 써내려간다, 시베리아 추위 속에

발 박자 자박자박 소리치는 환희 따라
태양도 역광으로 실루엣을 드리운다,
한 떼의 철새가 되어 금빛 하늘 풀어낸다

배고팠던 어린 시절 서성이던 해변에서
마음껏 솟구친 상상 태평양을 건너면
은물결 가슴속에는 한 편 시도 떠오르고

삵*

엘니뇨만 들끓던
방어진** 연안 바다
해변가에 줄을 선
빨간색 플라스틱 의자
번창한 그때 되작이며 아린 가슴을 쓸고 있다

두루미 길 언저리에 말라가는 삵 한 마리

정처 찾아 떠돌다가 이곳에 터 잡았지만

분진만 매캐하게도 마른 코 파고든다

어깨 처진 노동자들
줄을 서듯 지나가고
전 세계 풀린 수주물량
중국에다 빼앗겼나
일감을 잃어버리고 맘 못 잡는 노동자들

*멸종위기의 동물
**울산광역시 동쪽 끝에 있는 마을

꽃, 풍화하다

망각 속 시리우스*
뭉그러진 한여름 밤

엄마가 떨구고 간 긴긴 편지 마주 한다
먹먹한 기침 소리가 지그재그 흐르는

노란 얼굴 새까만 눈 푹 꺼진 야윈 두 볼
그 옛날 뒹굴던 시간 바람 따라 날아가고
다문화 덫에 갇히어 흘려보낸 긴 세월

그 내려 다 지운 채 날마다 살아가지만
여린 살에 박힌 슬픔 별빛으로 살아나면

편지 속 엄마 얼굴이
누렇게 얼비친다

*밤하늘에 가장 밝은 별

유리그릇

– 다문화 가족 B군

풀지 않은 종이상자 안
얼굴 묻고 앉아 있거나

출구 없는 동굴 속
굽은 길 헤매거나,

이혼한 어머니 탓인가
해답은 멀리 있고

아버지 쏙 빼닮은
숯 검댕이 피부색

뽀글뽀글 거품 물고
올라붙은 곱슬머리

태생은 어쩌겠는가
은따*라서 다행이다

*은근한 따돌림

벙어리 뻐꾸기*

깊은 산속 잎도 다 진 마른 가지 엉켜있는 곳
날아온
돌멩이도
뱃심으로 튕겨내고
그 부리 얻어맞아도 후르륵 몸 털고 마는

뻐꾹뻐꾹 울지 못하고
끙끙끙 울어야 하는
은따 왕따 다 견뎌야 하는
함량미달 둥지에서
이느새 배가 불렀네 휘파람새 어디 있나

*뻐꾸기과에 속하는 새로 휘파람새나 숲새 등에 탁란을 한다

노란시간

스트레스 받고 난 뒤 몸부림치는 저 바람

억울함 삭이려고 사선 직직 긋는 사이

병마가 찾아온 육신 아득한 난간 붙잡는다

내 몸 어디선가 떨어져 나온 돌멩이 하나

달팽이 관 속 세반고리관* 빙글빙글 돌아다니다

세상을 노란색으로 빠르게 물들인다

*우리 몸 귓속 달팽이관에 있는 평형기관으로 스트레스로 인해 이상이 생기면 어지럼증이 올 수 있다

천수답天水畓
– 다문화 가족 A군

사잇문 열고 나가 두 발 디딘 옥상 난간
그 아래 내려다보다
현기증 나 비틀하고
찢어진 이파리 속을
파고드는 고름덩이

일터에서 언제나 오나 러시아인 우리 어머니
피자 한 판 사다 주고
달래 온 친구 네 명
수세로 몰고만 간다
침대 밑에 밀어 넣는

길

손님 없는 카페 귀퉁이 턱 괴고 앉았다가

버지니아 울프처럼 주머니에 돌덩이 넣고

천천히 발걸음 떼는 그 동작 그 마지막인 듯

늑대 같은 안소니 퀸 말없이 떠나간 뒤

인적 없는 골짜기에 홀로 남은 젤소미나*

별 자락 덮고 누워서 스르륵 잠들 듯이

*영화 〈길〉에 나오는 여주인공 이름

5부

소래포구 에필로그

고요 반, 바람 반

앨버트로스

쿵따리 샤바라 – 회계사 바자회

난 참 바보처럼 살았군요

백년 동안의 편지

열 한 시간

달마가 동쪽으로 간 까닭

구렁과 가시덤불

블랙리스트

강

신문지 한 장

어느 날 갑자기

청맹과니

이제 와서

민들레

시인이세요?

소래포구 에필로그

정박된 목선마다 올라앉은 괭이갈매기

감감해진 그리움 울음으로 풀어낸 뒤

어디로 날아갔을까?

초저녁만 남기고

사는 게 허전해서 품고 온 피조개들

일용할 양식으로 해금되어 데쳐질 때

선홍색 그 몸을 삼켜

밀썰물을 지우고

고요 반, 바람 반

햇살 한 줌 품 안에다 끌어안은 우포늪
물 속 깊이 묻은 발로 제자리 물고 있는
이따금 파르르 떨리는 눈 유마를 불러낸다

들릴 듯 말 듯한 목소리로 유마와 나누는 대화
우리 죽어 살과 뼈는 흙으로 돌아가고
아득한 허공을 향해 날아가는 새 빈손이다

눈부시던 태양이 서쪽으로 기운 해질녘
등에 진 짐 서둘러 내려놓은 가시연꽃
속세와 맺은 인연도 잠시나마 끊어놓고

때 이른 잠자리에 휘도는 푸른 냉기
더 낮은 곳 더듬어 다리 뻗어 짚어갈 때
바람의 울음소리가 꿈결인 양 들려온다

앨버트로스

푸른 창공 그 안에다
날개 깊이 파묻는다
목표물을 향하여
눈의 초점 모으고
처음에 가졌던 초심
끝까지 품어 안고

약자들 앞에선
나직이 포복하고
강한 자 만났을 땐
몸 더욱 높인다
절대로 거만하지 않기를
기도하고 또 기도한다

쿵따리 샤바라

– 화계사 바자회

초록 잎 새 우거진 대웅전 앞마당에
비손하던 염불소리 쿵하고 끊어집니다
속세의 끄나풀들이
천막 아래 수북합니다

스님들 거처에서 숨죽이던 물건들이
들숨 날숨 크게 쉬며 천막 아래 몸을 풀고
발그레 붉어진 두 뺨
보는 것만도 즐겁습니다

더러는 손 때 묻은 어린아이 장난감도
입다가 대물렸던 후줄근한 옷가지도
면면히 행사를 이끌려고
무던히도 애씁니다

머리 하얀 노 보살들 남은 시간 시리거든
찻잔 속의 찬물처럼 여기 와서 고이세요
새들도 늘어진 나뭇가지도
이리 뛰고 저리 뜁니다

난 참 바보처럼 살았군요

할머니가 어머니에게

어머니에서 딸로 이어진

바보 같은 가족노래

대대로 또 이어져라

암 그래

바보처럼 살고

밑지면서 살고 살고

백년 동안의 편지

갈필로 써내려간 갈필로 써내려간

갈필로 써내려간

갈필로

써내려간

보내지 못하는 편지

가슴에 못이 됐다

열한 시간

아…, 사억 년 전 하루는 고작 열한 시간

어디서 본 보고서인가 생각나진 않지만

그리운

사억 년 전 시간이여

내게로 와 안겨주길

달마가 동쪽으로 간 까닭

빈 손들고 바다 건너 베트남에서 날아온 여자

두 볼 붉어

복숭아 같은

착한 아들

그대로 두고

서울의 골목 틈새로

살그머니 빠져나갔나

구렁과 가시덤불

앞에 놓인

구렁 길

앞을 막는

가시덤불

돛단배 저어가며 그럭저럭 살아왔다

나에게 한 표 던진다 욕먹진 않았다고

블랙리스트

나의 족보

아시아계

어머니 미얀마인

하지만

친구들의

드잡이를

감당 못해

옥상의 발판을 딛고 눈발처럼 몸 날린다

강

아무리
서러워도
A군 어머니만 하겠느냐
눈물이
넘친다 한들
제나라 등진 사람만 하겠느냐
그 여인 흘린 눈물이
한국땅에 범람한다

신문지 한 장

서울역

노숙자

신문지 한 장 달랑 덮고

웅크린 몸 달래가며

추위 멀리 떨쳐본다

빼지도

더해보지도

못해보는 이승에서

어느 날 갑자기

마른 삭정이
그래도 안 죽었네
마른 삭정이 그래도
피톨이 일어서네

아직도 안 죽었네
손발톱 자라나네
아직도 못 죽었네
동공이 벌어지네

세상의
제일 큰집에서
살아온 만큼 더 살고 가게나

청맹과니

명사십리 모래도 잊고

암면암 동백도 다 잊고

이렇게

점점점점

희미해진 정신으로

이제는 무엇만 잊으면

되는 거니

질기디 질긴 이승

이제 와서

어린 시절

굶주린

배 채워주던

명아주

잎 넓어

푸짐하고

줄기도

부드럽던

그 풀이

이제 와서는

멸종위기의

독풀이라니!

민들레

어떠한 서러움도

이대로 풀어 버릴게

홀로 놓인 방 한 칸도

네 앞에다 다 바칠게

누군가

후! 하고 불어

천리만리 날 보내줘

시인이세요?

우리 집 드나드는 오십대 가사도우미

학교라곤 문턱도 넘어보지 못했다면서

나에게

시인이세요?

상패보며 묻고 있네